北京市老龄事业发展报告

(2018)

北京市老龄工作委员会办公室
北京市老龄协会 编
北京师范大学中国公益研究院

社会科学文献出版社
SOCIAL SCIENCES ACADEMIC PRESS (CHINA)

目 录

前 言 ………………………………………………………………… 1

第一章 老年人口现状与特征 ………………………………………… 1
  一、老年人口现状 ………………………………………………… 3
  二、纯老年人家庭 ………………………………………………… 9
  三、老年抚养系数 ………………………………………………… 10
  四、百岁老年人口 ………………………………………………… 11

第二章 老年社会保障体系 …………………………………………… 15
  一、社会保险持续扩面提标 ……………………………………… 17
  二、老年社会福利制度更加完善 ………………………………… 20
  三、老年社会救助逐步健全 ……………………………………… 21

第三章 老年健康服务体系 …………………………………………… 23
  一、有效开展老年人健康管理服务 ……………………………… 25
  二、增强居家社区老年人医疗服务供给 ………………………… 26
  三、加快推进医养结合工作 ……………………………………… 28
  四、积极推广中医药健康养老服务试点工作 …………………… 29
  五、探索老年人智慧医养结合之路 ……………………………… 31

第四章 养老服务体系 ………………………………………………… 33
  一、完善"三边四级"养老服务网络 …………………………… 35
  二、开展居家巡视探访和家庭照护培训服务 …………………… 36

三、多种举措促进养老服务机构发展 ……………………………………… 36
　　四、推动养老服务人才专业化建设 ………………………………………… 38
　　五、为老年人提供心理健康咨询服务 ……………………………………… 38
　　六、加大力度解决农村山区养老服务问题 ………………………………… 39

第五章　老年消费市场 ……………………………………………………………… 41
　　一、简政放权激发养老市场活力 …………………………………………… 43
　　二、大力推进老年旅游市场发展 …………………………………………… 43
　　三、创新特色老年金融产品 ………………………………………………… 44
　　四、开展"2018北京老年消费月"活动 …………………………………… 45

第六章　老年宜居环境 ……………………………………………………………… 47
　　一、实施既有住宅加装电梯工程 …………………………………………… 49
　　二、老旧小区综合整治和居家适老化改造进展 …………………………… 49
　　三、提升居家养老火灾防范能力 …………………………………………… 50
　　四、弘扬敬老爱老助老社会风尚 …………………………………………… 50

第七章　老年文教体活动与社会参与 ……………………………………………… 51
　　一、形成老年教育学习服务体系 …………………………………………… 53
　　二、形成老年公共文化服务体系 …………………………………………… 54
　　三、优化老年体育设施资源和服务 ………………………………………… 55
　　四、开展"志愿北京之青春伴夕阳"项目 ………………………………… 55
　　五、组织引导退休老同志发挥积极作用 …………………………………… 56

第八章　老年人优待与权益保障 …………………………………………………… 57
　　一、提高老年人优待水平和扩大服务范围 ………………………………… 59
　　二、积极开展老年人普法宣传和法律服务 ………………………………… 60

第九章　实施保障措施 ……………………………………………………………… 63
　　一、新一轮机构改革下的老龄工作变化 …………………………………… 65
　　二、多方面措施加强实施保障 ……………………………………………… 67
　　三、探索京津冀协同创新发展 ……………………………………………… 68

附　录 ………………………………………………………………………………… 71
　　2018年北京市部分老龄政策文件 ………………………………………… 71

前 言

2018年，北京市紧紧围绕首都城市功能定位和老年人服务需求，强化政策创制，切实提高老年民生保障和福利水平，进一步加强养老服务体系建设，积极构建老龄健康服务体系，深化医养结合，推进长期护理保险试点工作，培育引导社会力量投入老龄事业，大力弘扬社会敬老风尚，进一步发挥好低龄、健康老人的积极作用，着力提升老年人获得感、幸福感、安全感，推动首都老龄事业取得长足进步。

2018年，北京市首次发布年度老龄事业发展白皮书，在社会上取得了良好的反响。相比去年，《北京市老龄事业发展报告（2018）》主要有以下变化：

- 数据更加翔实：老年人口数据更加丰富和充实，数据对比分析角度也更多。
- 增加老年健康相关工作内容篇幅：老年健康工作是北京市老龄工作的重要组成部分，今年着重增加了与老年健康相关内容的呈现。
- 增加机构改革相关内容：2018年是国家机构改革的重要一年，老龄工作机构进行了调整，北京市老龄事业也将迈入一个新的发展阶段。

《北京市老龄事业发展报告（2018）》是北京市老年人口信息和老龄事业发展状况报告的延续，已经连续发布了12期，编写工作得到了市老龄委各成员单位和各区老龄委的大力协助与支持。

该报告正文共分九章。第一章重点阐述2018年北京市人口老龄化的现状与特征；第二章至第八章具体介绍2018年老龄事业发展状况，包含老年社会保障、老年健康服务、养老服务、老年消费市场、老年宜居环境、老年文教体活动与社会参与、老年人优待与权益保障七个方面。第九章简述了国家和北京市老龄工作机构历史沿革与改革情况、老龄事业发展保障措施，以及京津冀协同发展最新进展。附录是2018年北京市部分老龄政策文件。

第一章

老年人口现状与特征

一、老年人口现状

（一）全市老年人口总量

● 常住老年人口总量

截至2018年底，北京市常住总人口2154.2万人，比2017年末减少16.5万人，其中：

60岁及以上常住老年人口364.8万人，占常住总人口的16.9%；比2017年增加6.6万人；

65岁及以上常住老年人口241.4万人，占常住总人口的11.2%；比2017年增加3.8万人。

● 户籍老年人口总量

截至2018年底，北京市户籍总人口1375.8万人，比2017年末增加16.6万人，其中：

60岁及以上户籍老年人口349.1万人，占户籍总人口的25.4%；

65岁及以上户籍老年人口232.9万人，占户籍总人口的16.9%；

80岁及以上户籍老年人口58.4万人，占户籍总人口的4.2%。具体见表1-1。

表1-1　2018年北京市户籍老年人口构成

单位：万人，%

年龄组	人数	占户籍总人口的比例	占60岁及以上户籍老年人口的比例
60岁及以上	349.1	25.4	100.0
65岁及以上	232.9	16.9	66.7
80岁及以上	58.4	4.2	16.7

● 五年户籍老年人口变化

2014~2018年，北京市60岁及以上户籍老年人口总量从296.7万人上升到349.1万人，增加52.4万人；60岁及以上户籍老年人口占户籍总人口比例从22.3%上升到25.4%。具体见图1-1。

图 1-1 2014~2018 年北京市户籍老年人口变化

（二）全市户籍老年人口性别、年龄构成

● 全市户籍老年人口分年龄段性别构成

在 60 岁及以上户籍老年人口中，男性老年人口 165.6 万人，占 47.4%，女性老年人口 183.5 万人，占 52.6%；性别比为 90.2。其中：

60~69 岁老年人口 202.2 万人，男性占 48.7%，女性占 51.3%；

70~79 岁老年人口 88.5 万人，男性占 46.0%，女性占 54.0%；

80~89 岁老年人口 52.9 万人，男性占 45.6%，女性占 54.4%；

90 岁及以上老年人口 5.5 万人，男性占 43.6%，女性占 56.4%。具体见表 1-2。

表 1-2 2018 年北京市户籍老年人口的性别、年龄构成

单位：万人，%

年龄组	人数	占总人口的比例	占60岁及以上的比例	男 人数	男 占同年龄组人口比例	女 人数	女 占同年龄组人口比例
60~69 岁	202.2	14.7	57.9	98.4	48.7	103.8	51.3
70~79 岁	88.5	6.4	25.4	40.7	46.0	47.8	54.0
80~89 岁	52.9	3.9	15.2	24.1	45.6	28.8	54.4
90 岁及以上	5.5	0.4	1.6	2.4	43.6	3.1	56.4
合计	349.1	25.4	100.0	165.6	47.4	183.5	52.6

在 60 岁及以上户籍老年人口中，60~64 岁老年人口 116.2 万人，占 33.3%；65~69 岁老年人口 86.0 万人，占 24.6%；70~79 岁老年人口 88.5 万人，占 25.4%；80~89 岁老年人口 52.9 万人，占 15.2%；90 岁及以上老年人口 5.5 万人，占 1.6%。具体见图 1-2、图 1-3。

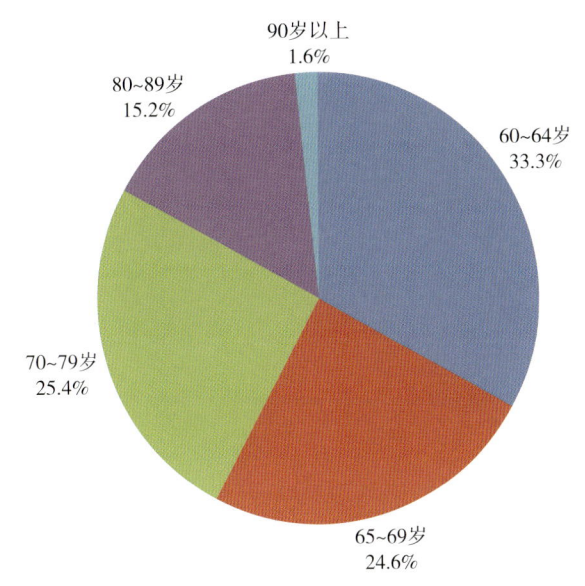

图 1-2 2018 年北京市 60 岁及以上户籍老年人口年龄构成

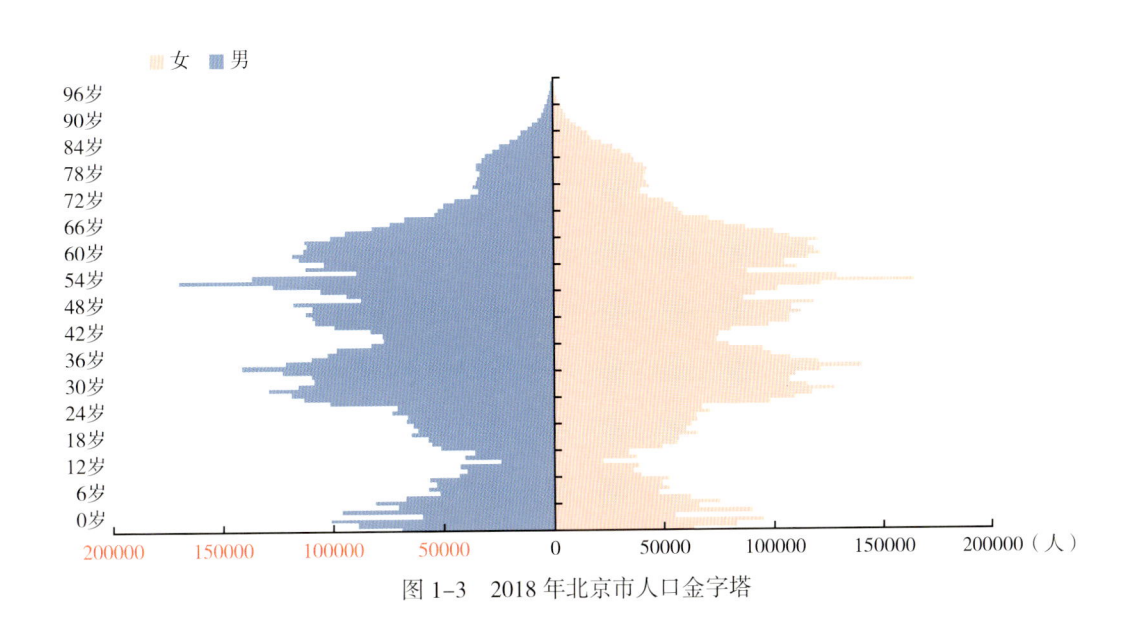

图 1-3 2018 年北京市人口金字塔

● 全市户籍老年人口分年龄段变化情况

从 2017 年至 2018 年：

60 岁及以上户籍老年人口增加 15.8 万人，增长 4.7%；

65 岁及以上户籍老年人口增加 13.1 万人，增长 6.0%；

70 岁及以上户籍老年人口增加 4 万人，增长 2.8%；

75 岁及以上户籍老年人口增加 1 万人，增长 1.0%；

80 岁及以上户籍老年人口增加 2.7 万人，增长 4.8%；

90 岁及以上户籍老年人口增加 0.7 万人，增长 14.6%；

100 岁及以上户籍老年人口增加 95 人，增长 11.4%。具体见表 1-3 和图 1-4。

表 1-3　2014~2018 年北京市分年龄组户籍老年人口状况

单位：万人，%

年龄组	2014年 人数	2014年 占总人口比例	2015年 人数	2015年 占总人口比例	2016年 人数	2016年 占总人口比例	2017年 人数	2017年 占总人口比例	2018年 人数	2018年 占总人口比例
60岁及以上	296.7	22.3	313.3	23.4	329.2	24.1	333.3	24.5	349.1	25.4
65岁及以上	200.0	15.0	209.5	15.6	219.3	16.1	219.8	16.2	232.9	16.9
70岁及以上	140.7	10.6	145.2	10.8	149.2	10.9	142.9	10.5	146.9	10.7
75岁及以上	97.2	7.3	96.6	7.2	102.9	7.5	95.7	7.0	96.7	7.0
80岁及以上	51.6	3.9	56.1	4.2	59.5	4.4	55.7	4.1	58.4	4.3
90岁及以上	3.6	0.3	4.0	0.3	4.4	0.3	4.8	0.4	5.5	0.4
100岁及以上	643（人）	—	708（人）	—	751（人）	—	833（人）	—	928（人）	—

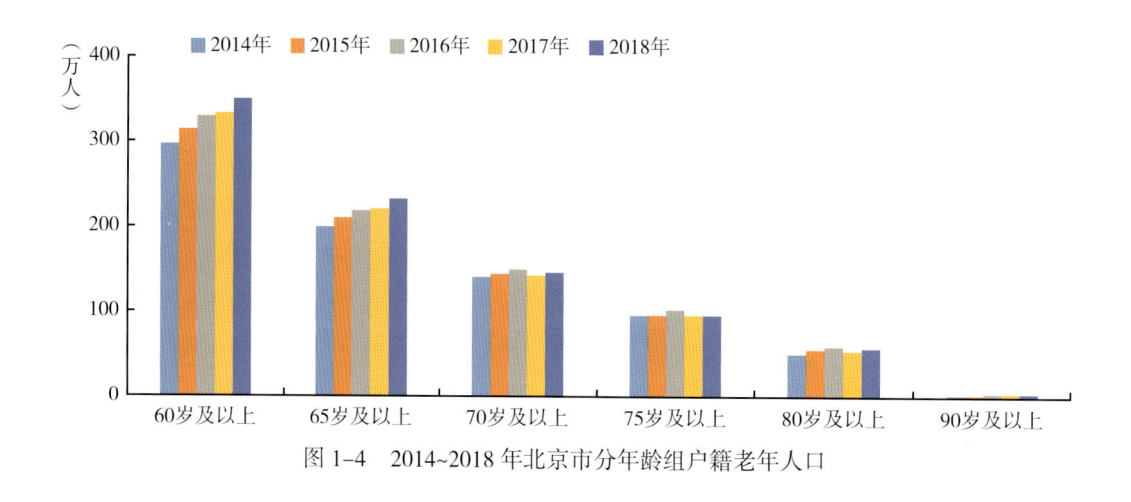

图 1-4　2014~2018 年北京市分年龄组户籍老年人口

（三）分区户籍老年人口现状

● 分区户籍老年人口年龄构成

截至 2018 年，全市 16 个区中，60 岁及以上户籍老年人口排在前三位的是朝阳区、海淀区和西城区，分别为 59.4 万人、51.5 万人和 40.6 万人。户籍老年人口比上年上涨，涨幅排在前三位的是朝阳区、海淀区、西城区，分别增加了 2.3 万人、2.0 万人、1.7 万人。

16 个区中，60 岁及以上户籍老年人口占该区总人口比例排在前三位的是丰台区、石景山区和东城区，分别为 30.5%、30.0% 和 29.3%。60 岁及以上户籍老年人口占该区总人口比例，与上年相比，增幅排在前三位的是东城区、丰台区及石景山区、门头沟区、密云区，分别增长了 1.4%、1.3% 和 1.1%。

16个区中，80岁及以上户籍老年人口排在前三位的是朝阳区、海淀区和西城区，分别为11.0万人、10.8万人和7.8万人。80岁及以上户籍老年人口占该区户籍总人口比例排在前三位的是东城区，西城区、丰台区、石景山区，朝阳区分别为5.4%、5.3%和5.2%。具体情况见表1-4。

表1-4　2017~2018年北京市分区户籍老年人口变动情况

单位：万人，%

	2017年				2018年			
	60岁及以上老年人口	60岁及以上占总人口比例	80岁及以上老年人口	80岁及以上占总人口比例	60岁及以上老年人口	60岁及以上占总人口比例	80岁及以上老年人口	80岁及以上占总人口比例
北京市	333.3	24.5	55.7	5.2	349.1	25.4	58.4	4.2
东城区	27.0	27.9	5.0	5.3	28.5	29.3	5.3	5.4
西城区	38.9	26.9	7.7	5.0	40.6	27.7	7.8	5.3
朝阳区	57.1	27.2	10.4	5.2	59.4	28.0	11.0	5.2
丰台区	33.3	29.2	5.9	5.1	35.0	30.5	6.1	5.3
石景山区	11.0	28.9	2.0	4.3	11.6	30.0	2.0	5.3
海淀区	49.5	21.0	10.1	2.4	51.5	21.6	10.8	4.5
房山区	18.2	22.3	1.9	2.7	19.0	23.0	2.1	2.5
通州区	18.0	23.4	2.0	2.7	19.0	24.1	2.1	2.7
顺义区	14.3	22.5	1.7	2.8	15.1	23.4	1.8	2.8
昌平区	13.4	21.5	1.8	2.6	14.2	22.4	1.9	2.9
大兴区	14.4	20.6	1.8	3.9	15.3	21.3	1.9	2.6
门头沟区	6.6	26.3	1.0	3.3	6.9	27.4	1.0	4.1
怀柔区	6.3	22.3	0.9	3.1	6.7	23.3	1.0	3.4
平谷区	9.2	22.8	1.2	3.1	9.6	23.7	1.3	3.1
密云区	9.7	22.1	1.4	3.1	10.1	23.2	1.4	3.3
延庆区	6.4	22.2	0.9	4.1	6.6	23.0	0.9	3.2

● 分区户籍老年人口分年龄组情况

2018年，北京市16个区中，60岁及以上户籍老年人口在各年龄组情况如表1-5。

表1-5 2018年北京市分区分年龄组户籍老年人口情况

单位：万人，%

	60岁及以上老年人口	60~69岁 人数	60~69岁 占60岁及以上比例	70~79岁 人数	70~79岁 占60岁及以上比例	80岁及以上 人数	80岁及以上 占60岁及以上比例
北京市	349.1	202.2	57.9	88.5	25.4	58.4	16.7
东城区	28.5	17.1	60.0	6.1	21.4	5.3	18.6
西城区	40.6	23.8	58.6	9.0	22.1	7.8	19.1
朝阳区	59.4	32.7	55.0	15.7	26.5	11.0	18.5
丰台区	35.0	20.3	57.9	8.6	24.6	6.1	17.5
石景山区	11.6	6.9	59.5	2.7	23.3	2.0	17.2
海淀区	51.5	27.1	52.6	13.6	26.4	10.8	21.0
房山区	19.0	11.7	61.6	5.2	27.4	2.1	11.1
通州区	19.0	11.8	62.1	5.1	26.7	2.1	11.2
顺义区	15.1	9.2	60.9	4.1	27.1	1.8	12.0
昌平区	14.2	8.5	60.0	3.8	27.0	1.9	13.4
大兴区	15.3	9.2	60.1	4.2	27.5	1.9	12.3
门头沟区	6.9	4.2	60.9	1.7	24.6	1.0	14.5
怀柔区	6.7	4.0	59.7	1.7	25.4	1.0	14.9
平谷区	9.6	5.7	59.4	2.6	27.1	1.3	13.5
密云区	10.1	6.1	60.4	2.6	25.7	1.4	13.9
延庆区	6.6	3.9	59.1	1.8	27.3	0.9	13.6

● 分区户籍老年人口的户口性质

在全市60岁及以上的户籍老年人口中，非农业人口285.7万人，占比为81.8%；农业人口63.4万人，占比为18.2%；具体见表1-6。

表 1-6 2018 年北京市分区户籍老年人口的户口性质

单位：万人，%

	60 岁及以上老年人口	非农业户口 人数	非农业户口 比例	农业户口 人数	农业户口 比例
北京市	349.1	285.7	81.8	63.4	18.2
东城区	28.5	28.5	100.0	—	—
西城区	40.6	40.6	100.0	—	—
朝阳区	59.4	57.0	96.0	2.4	4.0
丰台区	35.0	32.8	93.6	2.2	6.3
石景山区	11.6	11.6	100.0	—	—
海淀区	51.5	50.5	98.1	1.0	1.9
房山区	19.0	10.5	55.4	8.5	44.6
通州区	19.0	10.7	56.3	8.3	43.7
顺义区	15.1	7.3	48.3	7.8	51.7
昌平区	14.2	9.3	65.5	4.9	34.4
大兴区	15.3	8.9	58.2	6.4	41.8
门头沟区	6.9	5.5	80.0	1.4	20.3
怀柔区	6.7	2.6	38.8	4.1	61.2
平谷区	9.6	4.1	42.7	5.5	57.3
密云区	10.1	3.4	33.7	6.7	66.2
延庆区	6.6	2.4	36.4	4.2	63.6

二、纯老年人家庭

纯老年人家庭是指家庭全部人口年龄都在 60 岁及以上的家庭，包括：独居老年人家庭、夫妇都在 60 岁及以上的老年人家庭、与父母或其他老年亲属同住的老年人家庭。

截至2018年底,北京市户籍人口中纯老年人家庭人口58.03万人,占老年人口总数的16.6%,比上年增加5.89万人。

三、老年抚养系数

(一)全市户籍老年人口抚养系数[①]

2018年底,按15~59岁劳动年龄户籍人口抚养60岁及以上户籍人口计算,北京市老年抚养系数为42.2%,比上年增长2.5个百分点,这意味着北京市每2.4名劳动力在抚养1名老年人;按15~64岁劳动年龄户籍人口抚养65岁及以上户籍人口计算,老年抚养系数为24.8%,比上年增长1.6个百分点。具体见表1-7。

表1-7　2014~2018年北京市户籍人口抚养系数比较

单位:%

年龄组	2014年 少儿抚养系数	2014年 老年抚养系数	2014年 总抚养系数	2015年 少儿抚养系数	2015年 老年抚养系数	2015年 总抚养系数	2016年 少儿抚养系数	2016年 老年抚养系数	2016年 总抚养系数	2017年 少儿抚养系数	2017年 老年抚养系数	2017年 总抚养系数	2018年 少儿抚养系数	2018年 老年抚养系数	2018年 总抚养系数
(0~14,60+)	16.3	33.3	49.6	17.2	35.7	52.9	19.1	38.1	57.2	20.8	39.7	60.5	22.5	42.2	64.7
(0~14,65+)	14.7	20.2	34.9	15.3	21.4	36.7	16.9	22.5	39.4	18.4	23.2	41.6	19.8	24.8	44.6

注:少儿抚养系数为少年儿童人口数除以劳动年龄人口数;老年抚养系数为老年人口数除以劳动年龄人口数;总抚养系数为少儿抚养系数加老年抚养系数。

(二)分区户籍老年人口抚养系数

16个区中,按15~59岁劳动年龄户籍人口抚养60岁及以上户籍人口计算,老年抚养系数排在前三位的是丰台区、东城区和石景山区,分别为53.0%、52.5%和52.2%;按15~64岁劳动年龄户籍人口抚养65岁及以上户籍人口计算,老年抚养系数排在前三位的是丰台区、东城区和朝阳区,分别为30.0%、29.2%和29.1%。具体见表1-8。

---

① 抚养系数,指被抚养人口数所占劳动人口数的比例。

表 1-8 2018年北京市分区户籍人口抚养系数

单位：%

	（0~14，60⁺）			（0~14，65⁺）		
	少儿抚养系数	老年抚养系数	总抚养系数	少儿抚养系数	老年抚养系数	总抚养系数
北京市	22.5	42.2	64.7	19.8	24.8	44.6
东城区	23.2	52.5	75.7	19.7	29.2	48.9
西城区	25.3	49.4	74.7	21.7	28.1	49.8
朝阳区	22.2	48.3	70.5	19.4	29.1	48.5
丰台区	19.6	53.0	72.6	16.6	30.0	46.6
石景山区	20.5	52.2	72.7	17.3	28.7	46.0
海淀区	21.8	33.8	55.6	19.8	21.3	41.1
房山区	21.8	36.5	58.3	19.4	21.4	40.8
通州区	25.7	40.2	65.9	22.6	23.3	45.9
顺义区	23.7	37.8	61.5	21.0	22.1	43.1
昌平区	24.1	35.9	60.0	21.5	21.1	42.6
大兴区	26.4	34.5	60.9	23.6	20.5	44.1
门头沟区	18.1	44.9	63.0	15.8	25.8	41.6
怀柔区	21.2	37.0	58.2	18.7	20.8	39.5
平谷区	20.6	37.5	58.1	18.3	22.0	40.3
密云区	20.0	36.4	56.4	17.7	20.8	38.5
延庆区	18.9	35.6	54.5	16.8	21.2	38.0

四、百岁老年人口

（一）全市百岁老年人情况

截至2018年底，北京市户籍人口中百岁老年人共计928人，比上年增加了95人。百岁老年人中，男性387人，女性541人，性别比为71.5。男性和女性分别比上年增加了22人和73人。每十万户籍人口中百岁老年人数从2015年底的6.1人增长到6.7人。2018年北京市户籍居民平均期望寿命为82.2岁。具体见表1-9。

表 1-9　2018 年北京市分区户籍人口中百岁老年人情况

单位：人

	合计	男性	女性	每十万户籍人口中百岁老年人数
北京市	928	387	541	6.7
东城区	124	51	73	12.7
西城区	202	85	117	13.8
朝阳区	155	66	89	7.3
丰台区	86	38	48	7.5
石景山区	16	7	9	4.1
海淀区	172	74	98	7.2
房山区	17	6	11	2.0
通州区	30	13	17	3.8
顺义区	21	5	16	3.3
昌平区	22	8	14	3.5
大兴区	21	10	11	2.9
门头沟区	8	4	4	3.2
怀柔区	13	5	8	4.6
平谷区	17	6	11	4.2
密云区	16	5	11	3.7
延庆区	8	4	4	2.8

（二）分区百岁老年人情况

16 个区中，百岁老年人数排在前三位的依次是西城区、海淀区和朝阳区，分别为 202 人、172 人和 155 人。每十万户籍人口中百岁老年人数排在前三位的是西城区、东城区和丰台区，分别为 13.8 人、12.7 人和 7.5 人。具体见图 1-5。

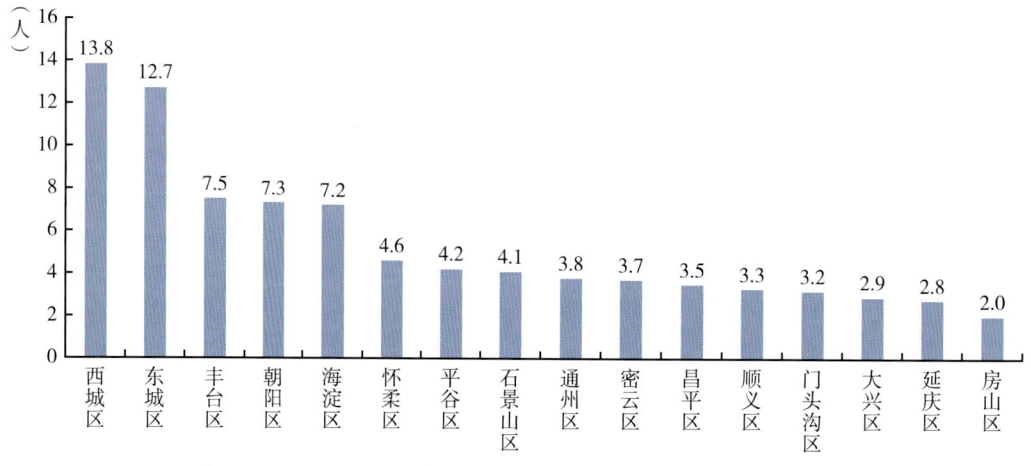

图 1-5　2018 年北京市各区每十万户籍人口中百岁老年人数排序

从 2017 年底至 2018 年底，16 个区中，百岁老年人数与上年相比，增长数排在前三位的是海淀区、丰台区和西城区，分别增加了 31 人、24 人和 11 人。具体见表 1–10。

表 1–10　2014~2018 年北京市分区户籍人口中百岁老年人情况

单位：人

	百岁老年人数				
	2014 年	2015 年	2016 年	2017 年	2018 年
北京市	643	708	751	833	928
东城区	93	98	104	122	124
西城区	145	158	183	191	202
朝阳区	105	129	132	145	155
丰台区	52	52	60	62	86
石景山区	16	16	13	14	16
海淀区	114	125	126	141	172
房山区	13	13	9	9	17
通州区	16	25	24	29	30
顺义区	13	16	16	19	21
昌平区	16	14	14	25	22
大兴区	15	11	12	16	21
门头沟区	13	11	11	14	8
怀柔区	6	6	10	9	13
平谷区	8	10	13	15	17
密云区	7	9	9	12	16
延庆区	11	15	15	10	8

第二章

老年社会保障体系

一、社会保险持续扩面提标

（一）养老金水平逐年增长

● 职工基本养老保险

2018年全市参加职工基本养老保险人员1685.8万人，比上年增加81.3万人，增长5.1%，其中离退休人员293.6万人，比上年增加10.5万人，增长3.7%。全年职工基本养老保险基金收入2619.5亿元，比上年增加396.6亿元，增幅为17.8%；基金支出1716.2亿元，比上年增加321.8亿元，增幅为23.1%；基金当年结余903.3亿元。

2018年企业退休职工基本养老金水平提高到每月3959元（见图2-1），这也是第26次连续增加企业退休人员养老金。按照定额调整、挂钩调整与适当倾斜相结合的办法进行调整，特别是针对退休时间早、连续工龄和缴费年限长的退休人员，北京市进一步加大倾斜力度，使退休人员更多地享受社会发展成果。

图 2-1 2012~2018年北京市企业退休职工养老金水平

积极落实基本养老保险转移接续政策，全年企业职工基本养老保险跨省转入3.4万人，转出8.1万人。与天津、河北紧密合作，促进三地间社会保险转移衔接平稳，京津冀三地间的转移接续业务量占到全部业务总量的 20%。

- 城乡居民养老保障

截至 2018 年底，北京市参加城乡居民养老保障人数为 209 万人，其中城乡居民参保 21.4 万人、农民参保 187.6 万人。2018 年，继续落实城乡居民养老金正常调整机制，基础养老金从每人每月 610 元提高至人均每月 710 元，福利养老金从每人每月 525 元提高至人均每月 625 元。2018 年末 88.9 万人享受城乡居民养老保险待遇（其中：享受老年保障福利养老金人员为 38.2 万人）。

全年城乡居民养老保障基金收入 86.8 亿元，基金支出 77.7 亿元，基金当年结余 9.1 亿元。

（二）医疗保险基金运行平稳

2018 年北京市全面实施统一的城乡居民医保制度，进一步健全全民医保体系，深化医保付费改革，提高基金使用率，稳步推进异地结算，保障基金安全。

- 城镇职工基本医疗保险

截至 2018 年底，全市参加职工基本医疗保险人员 1628.9 万人，比上年增加 59.7 万人，增长 3.8%。其中退休人员 296.9 万人，比上年增加 10.7 万人，增长 3.7%。

全年职工基本医疗保险基金收入 1209 亿元，比上年增加 168.9 亿元，增长 16.2%；基金支出 974.7 亿元，比上年增加 76.7 亿元，增长 8.5%；基金当年结余 234.3 亿元。全年统筹流动就业人员基本医疗保险跨省转入 2.5 万人，转出 5.4 万人。

- 城乡居民基本医疗保险

截至 2018 年底，全市参加城乡居民基本医疗保险人员 390.8 万人，其中老年人 110.5 万人。全年城乡居民基本医疗保险基金收入 80.5 亿元，基金支出 79.2 亿元，基金当年结余 1.3 亿元。

（三）长期护理保险试点进行多方面探索

从 2016 年开始，北京市在海淀区、石景山区开始试点长期护理保险，已经从多渠道筹集资金机制、失能等级评估服务确认机制、综合失能保险产品体系等方面进行了有益的探索。

- 海淀区居家失能护理互助保险

海淀区居家失能护理互助保险试点，提供具体的上门护理服务，使居家老年人在丧失独立生活能力时，得到生活照料、护理康复、精神关怀等基本养老照护服务。护理互助保险采取"个人投保＋政府补贴"的形式，扩大财政资金的社会效益，形成了政府、社会、市场、家庭和个人多方共担的互惠互利成效机制，有效缓解当前居家养老失能护理"政府包不起、企业赔不起、个人担不起"的局面，有助于实现居家养老服务可持续发展。

海淀区居家失能护理互助保险参保对象为：年满 18 周岁的具有海淀区城乡户籍的居民或在海淀行政区域内各类社会组织工作的具有北京市户籍的人员。参保人以户为单位投保，其中享受生活困难补助人员和具有残疾证的残疾人可以个人投保。参保人覆盖海淀区 29 个街道 651 个社区，超过 200 万人。缴费标准基数为每人每年1140元。保费以个人缴费为主，占80%；政府适度补贴占20%。政府补贴由市、区财政按1:1比例分担。对于年满55周岁及其以上的享受城镇最低生活保障的人员和享受生活困难补助的个人，保费由政府全额负担。农村户籍居民由镇财政按照每人每年120元给予额外的补贴。现阶段各失能等级对应的护理服务标准为：轻度失能等级每人每月900元，中度失能等级每人每月1400元，重度失能等级每人每月1900元。同时，参保人在基本保障的基础上，可根据自身经济状况选择额外的服务项目或增加服务频率，费用由个人承担。建立了护理险管理系统，涵盖服务监管、数据推送和传输、结算支付等功能，与保险公司系统实时对接，及时支付赔付。

截至2018年底，海淀区居家失能护理互助保险已完成6402人的承保手续，合计保费826.5万元。已有13人享受服务，有3人处于待审核状态，1人康复，1人身故。总赔付金额为28111元。

● 石景山区长期护理保险

2018年5月起，北京市在石景山区开展政策性长期护理保险试点，由财政资金和医保基金提供启动资金，试点从1个街道起步，扩展到3个街道，经过探索，初步形成政策性长期护理保险制度政策体系。

石景山区长期护理保险参保人群为辖区内参加北京市城镇职工基本医疗保险的所有用人单位及其在职职工、退休人员和参加北京市城乡居民基本医疗保险的人员（暂不含学生、儿童）。保障对象为因年老、疾病、伤残，经过不少于6个月的治疗（康复）并经失能等级评估，失能程度达到重度失能的参保人员。保障内容以失能人员日常基本生活照料和与基本生活密切相关的医疗护理所需的服务为保障内容，以实物形式提供相应的护理服务。

石景山区长期护理保险资金主要通过政府、单位和个人缴费的方式筹集资金，筹资比例为2:2:1，同时接受社会捐助。筹资标准暂按每人每年160元的标准确定。资金支付范围包括为参保人员提供的符合规定的护理服务所发生的费用，以及购买第三方相关服务的费用。对于护理服务，在机构享受符合规定的护理服务的，每天支付标准为70元，其中基金支付70%，个人支付30%。由机构提供符合规定的居家护理服务的，每小时支付标准为85元，其中基金支付76%，个人支付24%，每月限支付30小时费用。由亲属（家政护理员）提供符合规定的居家护理服务的，每小时支付标准为50元，其中基金支付64%，个人支付36%，每月限支付30小时费用。石景山区长期护理保险待遇支付情况，详见表2-1。

表2-1 石景山区长期护理保险待遇支付情况

护理类型	支付标准（元）	基金支付 金额（元）	基金支付 比例（%）	个人负担 金额（元）	个人负担 比例（%）
居家（个人）	50.0	32.0	64.0	18.0	36.0
在机构	70.0	49.0	70.0	21.0	30.0
机构上门	85.0	64.6	76.0	20.4	24.0

截至2018年12月底，石景山区长期护理保险参保人员48.19万人，待遇享受人员共170人，总支付费用40.34万元。其中居家护理126人、机构护理43人、居家机构上门1人。该项保险待遇享受人员，八角街道119人、八宝山街道35人、鲁谷社区16人（排除去世及已退出人员）。待遇享受人员入住机构每人每月可获得1490元的护理服务，居家每人每月可获得近2000元的护理服务。

二、老年社会福利制度更加完善

（一）居家养老服务补贴稳步推行

全市80岁及以上老人居家养老服务补贴继续按照每人每月100元标准发放；2018年累计发放人次597.36万，累计发放金额6.5亿元。

（二）领取高龄津贴人群不断增加

北京市90周岁至99周岁的老年人，每人每月享受100元高龄津贴；100周岁及以上的老年人，每人每月享受200元高龄津贴。2018年全市高龄津贴累计发放约57.6万人次，发放金额约5863.6万元。

（三）积极落实高龄老年人补助医疗

享受本市基本医疗保险、公费医疗、城镇居民基本养老保险、征地超转人员医疗、优抚对象医疗等报销待遇的本市户籍95周岁及以上老年人，在本市定点医疗机构门诊及住院发生的，且符合本市有关医疗报销规定的医疗费用，个人按发生比例承担部分外，其余由政府给予补助。2018年发放95周岁及以上老年人医疗补助2654人次，金额为736.6万元。

（四）继续推行计划生育家庭奖励扶助

北京市农村部分计划生育家庭奖励扶助金，其标准为每人每月120元；计划生育特殊家庭伤残、死亡特别扶助金，其标准分别为每人每月590元、720元。2018年全市共投入资金3.71亿元，覆盖11.16万人。

三、老年社会救助逐步健全

（一）城乡特困人员供养继续完善

截至 2018 年底，全市特困供养人员 5502 人，其中 60 岁及以上的老年人 4420 人。城市特困供养对象 984 人，其中 60 岁及以上的老年人 591 人。农村特困供养对象 4518 人，其中 60 岁及以上的老年人 3829 人。

（二）最低生活保障标准提高

2018 年北京市城乡低保标准从家庭月人均 900 元调整为 1000 元。截至 2018 年底，全市低保对象 10.5 万人，其中 60 岁及以上老年低保对象 26815 人。城市低保对象 6.73 万人，其中城市老年低保对象 10179 人。农村低保对象 3.76 万人，其中农村老年低保对象 16636 人。

（三）城乡低收入家庭救助范围扩大

北京市建立城乡低收入家庭救助制度，对家庭收入高于城乡低保标准但低于城乡低收入家庭认定标准的低保边缘家庭，可根据家庭困难情况申请享受医疗、教育、住房等专项救助待遇，2018 年城乡低收入家庭认定标准从家庭月人均 1410 元调整为 2000 元。截至 2018 年底，城乡低收入家庭中有 60 岁及以上老年人 465 人。

（四）医疗救助水平稳步提高

北京市城乡居民最低生活保障和生活困难补助人员、城乡低收入救助人员等社会救助对象，医疗救助的门诊、住院、重大疾病全年救助封顶线，分别为 6000 元、6 万元和 12 万元。2018 年，全市 60 周岁及以上老年人门诊救助累计 29781 人次，支出金额 2558.51 万元；住院救助累计 4787 人次，支出金额 2520.52 万元。

（五）实施住房困难家庭救助

北京市住房困难标准的最低生活保障家庭、分散供养的特困人员、低收入家庭，以及收入、资产符合本市相关规定的其他家庭，给予住房救助。

城镇居民住房救助通过配租公共租赁住房、发放公共租赁住房租金补贴和市场租赁住房租金补贴等方式实施。北京市（除怀柔、平谷、密云、延庆）城镇居民公租房租金补贴标准如表2-2，怀柔、平谷、密云、延庆4个区补贴比例为95%、90%的补贴对象，应与上述各区一致，其他补贴比例对应的家庭收入分档线由区确定。

表2-2 北京市（除怀柔、平谷、密云、延庆）城镇居民公租房租金补贴标准

补贴对象	补贴比例	租金补贴建筑面积上限
民政部门认定的城市最低生活保障家庭、分散供养的特困人员	95%	60平方米
民政部门认定的城市低收入家庭	90%	
人均月收入1200元及以下的家庭	70%	
人均月收入在1200元（不含）至1600元（含）之间的家庭	50%	
人均月收入在1600元（不含）至2000元（含）之间的家庭	25%	
人均月收入在2000元（不含）至2400元（含）之间的家庭	10%	

农村居民住房救助通过发放农村危房改造补贴的方式实施。本市农业户籍建档立卡贫困户、低保户、农村分散供养特困人员和贫困残疾人家庭4类重点对象与低收入农户、低收入家庭改造危房，将原则上获得达到6.8万元/户以上的市、区两级财政补助。

截至2018年底，全市累计已解决3.6万余户老龄家庭住房困难，其中经济适用房8621户、限价房16334户、公租房（含廉租房）11540户。

（六）临时陷入困境老年人获得救助

对于符合临时救助条件的老年人，如因遭遇突发事件、意外伤害、重大疾病或其他特殊原因导致生活陷入困境的，可以向户籍所在地乡镇人民政府（街道办事处）申请临时救助，通过发放临时救助金、提供救助服务或转介服务等形式，给予应急性、过渡性救助。2018年累计发放临时救助20607次，累计资金达3836.16万元。

第三章

老年健康服务体系

一、有效开展老年人健康管理服务

社区卫生服务机构为辖区有需求的老年人免费建立健康档案,形成连续、综合、可追踪的个人及家庭健康资料,为健康管理奠定基础的同时开展健康体检、健康评估、健康指导在内的健康管理服务(见图3-1)。截至2018年底,北京市基层医疗卫生机构为老年人建立健康档案343.5万份,为符合老年优待政策的老年人免费体检65.5万人,实现健康管理65岁及以上老年人161.8万人,建立家庭医生团队4100个,累计签约65岁及以上老年人175.4万人。

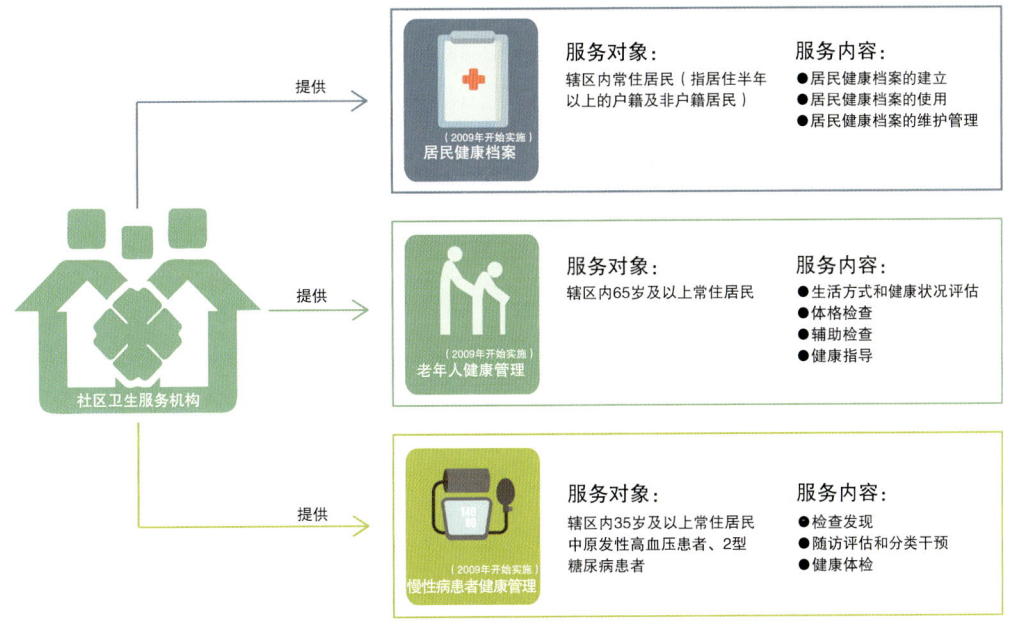

图3-1 社区卫生服务内容

二、增强居家社区老年人医疗服务供给

社区卫生服务机构为老年人提供优先挂号、优先就诊、优先建立家庭病床"三优先"服务，并在机构内进行公示，减少就诊排队等候时间，部分社区卫生服务中心开展延时服务和错时服务。完善基本药物制度和基层用药制度，对符合条件的高血压、糖尿病、冠心病、脑卒中4类慢性病患者（见图3-2），在社区卫生服务机构提供最长2个月药品用量的长处方服务。2018年，北京市社区卫生服务机构共为老年人提供诊疗服务2576万人次，出诊13.8万人次，新建老年人家庭病床265张，免费查床2971次。对符合优待政策的老年人（60岁及以上户籍人口）免普通门诊医事服务费约3279万人次。北京市建成首批老年友善医院20家。

图3-2 国家基本公共卫生服务项目

专栏：首批 20 家老年友善医院建成

为了提高老年医疗服务质量，改善老年群体看病就医感受，满足老年人不断增长的健康及照护服务需求，北京市遵循世界卫生组织老年友善原则，制定评估标准，组织开展了老年友善医院建设工作。通过自愿申报、区级评估、市级复核、综合评价，确定北京协和医院等 20 家医院为北京市首批老年友善医院（见表 3-1）。

北京市老年友善医院体现在如下四方面。

- ✓ 老年友善文化

  引导、培训医务人员用尊敬的态度、易懂的语言、文字或图片与患者交流、沟通，提供就医指导与健康宣教，同时鼓励健康老年人参与志愿者服务。

- ✓ 老年友善管理

  "三个建立，一个提供"，即：建立老年友善观念、老年医学伦理、老年医学知识和技能培训的机制；建立老年友善医院的运行机制和激励机制；建立评价机制与持续改进机制；提供政策和经费方面的支持。

- ✓ 老年友善服务

  倡导对患者进行综合评估，利用多学科整合管理团队为患者提供个性化、有针对性的医疗照护；建立实施连续性的医疗、康复、护理和安宁疗护服务的工作机制，更好地满足老年人躯体、精神和社会等层面的健康需求，切实保障老年人的医疗安全。

- ✓ 老年友善环境

  机构内具有比较完善的无障碍服务设施和标识系统；具有适合老年人的整体就医环境，可为老年人提供安全、舒适和便捷的服务。

表 3-1　北京市首批老年友善医院名单

区名	医院名称
东城区	北京协和医院
	首都医科大学附属北京中医医院
	北京市隆福医院
	北京市和平里医院
西城区	首都医科大学附属复兴医院
	北京市西城区展览路医院

续表

区名	医院名称
西城区	北京市肛肠医院
朝阳区	中国医科大学航空总医院
	北京和睦家康复医院
海淀区	北京市海淀医院
	北京老年医院
	航天中心医院
	中国中医科学院西苑医院
石景山	首都医科大学附属北京康复医院
门头沟区	北京市门头沟区中医医院
大兴区	北京市大兴区人民医院
	北京市大兴区中西医结合医院
昌平区	北京王府中西医结合医院
密云区	北京市密云区中医医院
延庆区	北京中医医院延庆医院

三、加快推进医养结合工作

按照《关于加快推进养老服务业发展的意见》《关于促进健康服务业发展的实施意见》和《关于推进医疗卫生与养老服务相结合的实施意见》的要求，北京市深化医养结合服务模式（见图3-3），提升健康服务水平作为重点任务，构建覆盖老年人健康教育、预防保健、疾病诊治、康复护理、长期照护、安宁疗护等需求的老年健康服务体系。

2017年，北京市印发《北京市基层公办养老机构建设资助工作实施办法》，强化新建、改扩建项目中医疗服务设施功能配套建设，提高护养型养老床位建设比重。规范养老机构健康养老服务行为；2018年出台《养老服务驿站设施设备配置规范》（DB11/T 1515-2018）、《养老机构康复辅助器具配置基本要求》（DB11/T 1549-2018）、《养老机构评价指标计算方法》（DB11/T 1573-2018）、《居家养老服务规范（第1部分）：通则》（DB11/T 1598.1-2018）、《居家养老服务规范（第4部分）：助洁服务》（DB11/T

1598.4-2018)、《居家养老服务规范（第5部分）：助浴服务》(DB11/T 1598.5-2018)、《居家养老服务规范（第6部分）：助急服务》(DB11/T 1598.6-2018)等地方标准。

支持较大规模养老机构独立开办内设医疗机构，改革养老机构内设医疗机构执业许可证管理办法，简化手续、降低门槛，实行准入备案制度；对符合条件的养老机构内设医疗机构拟签约医保定点的，实行倾斜政策，不受规划布局、取得《医疗机构执业许可证》时间等条件限制。支持医疗机构到养老机构开设医疗机构分支，无须重新办理准入和医保定点手续。对不具备独立设置医疗机构条件的，按照《养老机构与医疗机构医疗服务协议（示范文本）》，指导养老机构逐步与周边医疗机构建立服务协作关系。截至2018年底，经批准独立内设医疗机构且已通过医保定点审定的有98家，引入医疗机构分支或经卫生部门批准内设医疗机构的有53家，与周边医疗机构签订书面协议的有349家，养老机构医疗服务覆盖率达95%。

图 3-3 医养结合服务介绍

四、积极推广中医药健康养老服务试点工作

北京市遴选了医院、社区卫生服务机构、养老服务机构等170家试点单位，设立不同类型的中医养老服务专区，根据诊疗区、调理区和咨询区的不同服务功能为老年人提供中医药健康养老服务。2018年底，基本实现中医健康养老示范工程服务工作的全市覆盖。

（一）组建中医健康养老联合体

东城区首个中医特色养老驿站——新中街养老服务驿站，由北京市鼓楼中医医院自主经营，以中医药特色服务与社区养老相结合、中医药养生文化与科普相结合、药食同源与健康饮食相结合的形式，将医疗、医保和医药服务嵌于社区养老驿站中，并逐步形成标准化、专业化、一体化的服务模式。

（二）"卡、包、岗"三结合的中医药健康养老服务落地

北京通-养老助残卡中开通了中医药健康养老服务功能试点，老年人持该卡可到中医药健康养老联合体内享受中医药健康养老服务；研究制定了中医药健康养老的普惠包和50余种分类技术服务包，供老年人在居家养老、社区养老和机构养老中选择使用（参见图3-4）。在医院、社区服务机构、养老机构等场所按照"诊疗岗、调理岗、咨询岗"模式设置岗位。2018年，根据105家试点单位的健康养老服务工作数据显示，三岗共服务老年人268万人次，减免医事服务费381万元。为8.7万名老年人提供免费中医体质辨识服务，减免服务费120万元；为2万名老年人提供了上门诊疗服务，为1.6万名老年人提供上门身体检查服务。为医养联合体提供老年人转诊1.2万人次、分诊转回（康复治愈）462人次，重点监测2075人，为托底老年人开展健康养护工作7305人次。

（2013年开始实施）
中医药健康管理

服务对象
辖区内65岁及以上常住居民和0~36个月常住儿童

服务内容
· 老年人中医体质辨识
· 老年人中医药保健指导

图3-4 中医药健康管理内容

（三）大力培养基层中医药健康养老服务岗位人才队伍

实施了第二期中医药健康养老人才骨干培养计划，北京市有454名基层医疗人员经参加了第二期中医药健康养老10项适宜技术（中医心理疗法、中医刁氏脊椎病诊疗法、药管术、调脊术、贺氏火针、

经络腿足疗法、微针强通法、振腹疗法、贺氏管针、葛氏捏筋拍打疗法）的分类培训后，进入北京中医药健康养老适宜技术骨干人才团队。实施了中医医疗辅助护理员及其师资培养，组织并完成了800名医疗辅助护理员（中医健康养老护理员）的师资培训，另有2620人完成了医疗辅助护理员（中医健康养老护理员）的培训并考核合格，取得了人力资源和社会保障部颁发的证书。

五、探索老年人智慧医养结合之路

为全国医养结合工作提供示范经验，北京市海淀区、东城区和朝阳区先后成为国家级医养结合试点单位。北京市按照全生命周期服务的构想，积极探索智慧医养结合之路。

朝阳区依托区养老服务指导中心建立"智慧大脑"，满足辖区60万老年人各类养老需求。位于劲松中街的朝阳区养老服务指导中心，是本市第一家区级养老指导中心，是全区养老服务的运行枢纽、指挥平台。通过大数据可视系统，60万名户籍老年人的结构分布、数字地图、健康档案等能够得到全方位展示，以便对老年人基本信息和服务需求实施有效管理，促使养老服务政策更精准、养老服务产品更丰富，提升养老服务水准，使其更精准、更智能。在街道层面，还有双井街道的"社区医养通"智能云平台为老年人解决医养难题。老年人关注该平台的微信公众号，可以免费做身体评估；该平台也可以根据作息时间、饮食锻炼、烟酒嗜好、慢性病、心理问题等信息，通过微信公众号向老年人推送养老建议（见图3-5）。通过"社区医养通"智能云平台，居住在异地的子女还可读取父母的健康体

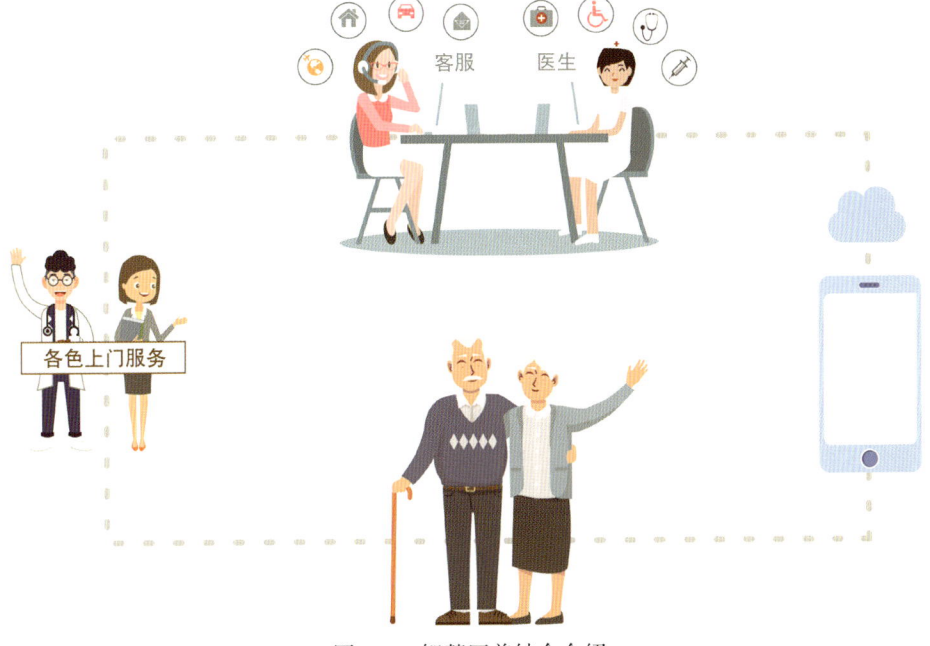

图 3-5 智慧医养结合介绍

检报告和医养评估报告，了解父母的身体健康情况。

- 北京老年医院设计、开发了医养结合与家庭医生远程医疗支持系统，家庭医生和养老机构的医务人员使用该系统为老年人建立健康档案，以规范化的巡诊查房模式，在精神、疾病、并发症等多方面对老年人进行管理。此外，该系统还包含老年人日常生活的能力评估、营养状态评估、跌倒风险评估、简易智能评估、社会支持评估等常用评估量表及14种老年人综合征评估，评估结果自动计算分值，并给出相关临床建议，结合标准化巡诊查房标准，对老年人进行全方位的评估和慢性病管理。这种新型工作模式，解决了医务室现场解决不了的问题，提高了养老机构的医疗安全。通过远程医疗方式，一些基础性疾病可以在基层单位得到解决，重症病人通过该系统平台进行转诊，真正做到小病在基层、大病有效双向转诊的分级诊疗模式，减轻了老年人及其家属的负担，提高了居民的满意度。

第四章

养老服务体系

一、完善"三边四级"养老服务网络

按照"9064"养老服务模式发展目标，北京市立足让老年人看得见、摸得着、感受得到他们"床边、身边、周边"的养老服务，按照市级组织、区级指导、街乡统筹、社区落实的体系规划要求，制定出台区级养老服务指导中心、街道（乡镇）养老照料中心和社区养老服务驿站建设意见与规划，积极探索超大城市养老服务模式，形成了具有北京特色的养老服务体系。

2018年，在市、区层面，建设两级养老服务指导中心，作为全市和区域养老服务的运行枢纽与指挥平台；集成区域专业化资源，9个区级养老服务指导中心已建成运营，其余正在积极建设中。

在街乡层面，支持社会力量建设街道（乡镇）养老照料中心，最高补助450万元，使其具备机构养老、居家助老、社区托老、专业支撑、技能实训、信息管理六大功能，实现机构、社区和居家三类服务相互依托、资源共享。截至2018年底，全市已建成养老机构550家，累计运营526家；扶持建设街道（乡镇）养老照料中心275个，累计运营192个。

在社区层面，采取"政府无偿提供设施、服务商低偿运营"方式，建设社区养老服务驿站，打造社区居家养老服务的"总服务台"，就近为居家老年人提供日间照料、呼叫服务、助餐服务、健康指导、文化娱乐、心理慰藉等服务。同时，坚持扩大增量，实施新建小区配建养老设施建设移交办法，发布建设项目规划使用性质正负面清单，疏解腾退闲置设施优先用于养老设施建设。截至2018年底，已建成运营680个养老服务驿站。其中95%的养老服务驿站设施由政府无偿提供，80%养老服务驿站完成连锁化运营。

2018年，北京市养老服务机构累计开展居家辐射服务208万次，累计服务时长达584万小时，其中助餐服务开展次数最多，占总服务次数的47.1%。

二、开展居家巡视探访和家庭照护培训服务

北京市编制《北京市居家养老巡视探访服务组织实施工作指南》，在 16 个区 312 个街道（乡镇），面向有需求的独居、高龄以及其他困境老年人，开展居家养老巡视探访服务。2018 年共巡视探访老年人 6.2 万人，转介老年人服务 62 万次，处理独居高龄老年人紧急情况约 400 起，有效缓解独居高龄等老年人安全、陪伴、服务方面的困难。并且在东城、海淀、朝阳等 9 个试点区推进失能老年人家庭照护培训试点工作，通过集中培训、线上培训等多种形式，全年累计培训约 3.1 万人次，累计完成授课时数约 37.1 万小时。

三、多种举措促进养老服务机构发展

2018 年，北京发布《北京市养老机构运营补贴管理办法》（京民福发〔2018〕411 号），养老机构补贴政策从单一补贴改为差异化补贴，失能老年人和重度残疾人运营补贴每月增加 100 元到 200 元不等；养老机构星级越高获得的补贴就越多，一家养老机构每床位每月最高可获得 1050 元补贴。为推进京津冀地区养老服务协同发展，还规定天津市、河北省行政区全域及内蒙古自治区赤峰市、乌兰察布市养老机构收住北京市户籍老年人的，按照北京市补贴政策执行。

《北京市社区养老服务驿站运营扶持办法》（京民福发〔2018〕184 号）加大对护理站建设运营支持力度，坚持"放水养鱼、扶上马送一程"原则，按照不低于服务收费 50% 的比例给予服务流量补贴以及托养流量补贴、连锁品牌补贴，大力推行驿站连锁化、品牌化运营；同时将驿站、护理站相关服务项目纳入服务流量补贴范畴，按照不低于服务总收入 50% 的比例予以资助。

2018 年，北京市出台《北京市养老服务机构监管办法（试行）》（京民福发〔2018〕412 号），建立完善的养老服务监督体系，全面提升全市养老行业服务水平。该办法规定养老机构如存在欺老虐老、安全责任事故、违法违规开展金融活动、弄虚作假套取骗取财政资金等行为，将录入养老服务机构诚信档案以及黑名单。

推进养老服务标准化建设，重点以养老机构服务质量问题整治、星级评定和标准化建设为抓手，建立养老机构服务质量评价制度，强化专项督导检查。截至 2018 年，开业运营 2 年及以上的养老机构

服务质量星级评定参与率达85%，服务质量星级评定通过率达66%。

- 全面推进养老机构阳光餐饮工程，加大食堂食品安全信息公开力度和食品加工操作过程可视化力度，共有361家完成建设。
- 多轮次排查整治养老机构消防安全。2018年，北京市开展社会福利机构消防安全专项治理行动，各区消防、民政等部门及属地街道（乡镇）对全市1220家社会福利机构进行逐一检查，发现并督促整改消防安全隐患问题4600余处。同时，结合福利机构老年人、残疾人、儿童的认知特点，有针对性发放、张贴消防安全常识宣传资料60余万份，督促各社会福利机构自行组织全体员工开展消防培训和应急疏散逃生演练1860余场次，有效提高自防自救能力。

北京市印发《关于推进养老服务业诚信体系建设指导意见》，明确加强养老服务业诚信体系建设的目标任务，推进养老服务业公共信息归集和共享、养老服务业信用信息的应用，构建守信激励和失信惩戒机制，建立诚信协同监管机制。

印发《北京市养老服务机构信用信息管理使用办法》（京民福发〔2018〕419号），全面建立养老服务机构信息归集机制，将养老服务机构信用状况与政府补贴相挂钩；明确规定如养老服务机构发生非法骗取套取政府财政资金，发生殴打、体罚等欺老虐老，违法违规开展金融活动等11类行为，直接将其纳入养老服务机构信用黑名单，实行运营商禁入、联合惩戒。

专栏：首个养老服务业信用管理平台在朝阳区投入运行

2018年9月，北京市首个养老服务业信用管理平台在朝阳区投入运行。该信用管理平台归集了朝阳区61家养老机构约3000名养老服务从业人员的诚信评价信息，包括机构基本情况、内部管理、安全管理、经营能力、从业人员、社会责任、公共信用，以及从业人员资格资历、教育培训经历、服务水平、荣誉信息、不良信息等近10万条数据。通过对大数据的应用，该平台能够自动生成养老机构诚信评价报告、服务质量信用评定报告和养老服务从业人员诚信评价报告，实现对本区内养老机构和从业人员诚信评价管理的全覆盖。

朝阳区将对诚信评价结果优异的养老机构和从业人员进行褒奖，同时结合实际对全区养老机构实施信用分级分类管理，在政府采购、政府购买服务、养老服务补贴、运营资助等方面，根据诚信评价结果施行激励、限制或惩罚措施。

四、推动养老服务人才专业化建设

截至 2018 年底，北京市具备养老护理员培训资质的职业技能培训学校 38 所，承担养老护理员免费培训的定点培训学校 26 所，通过职业鉴定的养老护理员 1 万余人；开设养老服务相关专业的院校 64 所，在校学生 3.3 万余人。在全市养老服务机构开展养老护理员职业技能培训，并对符合条件的人员给予职业培训补贴，2018 年共培训养老护理员 1533 人。

- 2018 年 4 月 17 日，北京市养老服务人才协会正式成立，该协会致力于维护会员权益，反映行业诉求，整合行业力量，动员社会资源，推动养老服务工作的职业化、专业化、规范化发展，为老年人谋福祉，开展和养老服务人才有关的政策宣传、专业培训、课程调研、对外交流等方面的工作，推动养老服务业人才队伍建设快速发展。该协会成立之初，会员单位共有 32 家。截至 2018 年底，该协会会员单位总数达到 43 家；其中养老机构 17 家，占 39.5%；培训机构 9 家，占 20.9%；健康服务机构 7 家，占 16.3%；康复辅具机构 2 家、适老改造机构 2 家、安全服务机构 2 家，各占 4.7%；其他人力资源、科技公司 3 家，占 7.0%；研究机构 1 家，占 2.3%。
- 指导规范化、连锁化、品牌化的家政企业到中西部人力资源丰富地区对接资源。2018 年，北京市爱侬等品牌连锁家政企业已分别与四川、安徽等省的相关贫困县签订了合作协议，接收培训家政服务人员 1 万余人，在为劳务输出地区提供就业机会的同时，提高了从业人员素质，更好地满足了北京市民的家庭养老服务需求。2018 年，北京市积极实施人才培养与岗位技能培训工程，持续开展商业、服务业服务技能大赛活动，以赛代训带动家政行业培训 30 万人次以上，同时累计支持家政行业岗位技能培训约 8 万人次，有效提升了家政行业服务技能水平。

五、为老年人提供心理健康咨询服务

继续扶持北京社会生活心理卫生咨询服务中心在中山公园西配殿建设老年人心理健康服务基地，开办老年人心理健康等知识展览，举办第二届京津冀养老机构展示暨咨询活动，深入社区、农村开展心理健康大讲堂活动。2018 年该基地开展社区宣传活动约 40 场次，发放宣传手册 4 万余册。

同时，积极推进公园"老年身心关爱苑"科普文化长廊的建设活动，为全市老年人开展精神关怀服务营造良好氛围。支持老年人心理健康服务基地热线、北京华龄颐养精神关怀服务热线、北京爱心传递热线三条老年人心理咨询服务热线；2018年三条服务热线累计接听老年人咨询2万多人次。

六、加大力度解决农村山区养老服务问题

2017年11月，北京市民政局等部门印发了《关于加强农村养老服务工作的意见》（京民福发〔2017〕389号）、《关于做好农村幸福晚年驿站建设工作的通知》（京民福发〔2017〕390号），明确按照"放水养鱼、扶上马送一程""政府既支持建设还要扶持运营"思路，从养老服务设施规划、土地保障、建设支持、运营资助、税费减免、金融支持等方面，加大对农村基层和农村老年人的倾斜力度，反哺农村，弥补公共设施亏欠短板。《北京市社区养老服务驿站运营扶持办法》（京民福发〔2018〕184号）加大对农村幸福晚年驿站的扶持力度，按照城区驿站标准的1.5倍予以资助。

□ 农村"幸福晚年驿站"建设

北京市制定《实施乡村振兴战略扎实推进美丽乡村建设专项行动计划（2018-2020）》（京办发〔2018〕5号）时，充分考虑农村养老的实际问题，将农村养老服务纳入乡村振兴战略。在编制新的村庄布局规划时，根据村庄实际情况将相关养老设施建设纳入总体规划。把农村幸福晚年驿站建设与美丽乡村建设扶持政策全面、同步对接，并列入验收标准。

鼓励农村地区则通过流转方式将农民自有住宅流转到村集体或村级经济组织，升级改造建成"幸福晚年驿站"（参见图4-1）。按照《北京市社区养老服务驿站运营扶持办法》（京民福发〔2018〕184号），农村幸福晚年驿站每连锁运营一家可享受不低于5万元的一次性补贴。截至2018年底，北京市已建成农村幸福晚年驿站260家，就近为农村老人提供就餐送餐、文化娱乐等服务。

图4-1 加强农村养老服务内容

第五章

老年消费市场

一、简政放权激发养老市场活力

2018年,北京市落实《北京市人民政府办公厅关于全面放开养老服务市场进一步促进养老服务业发展的实施意见》(京政办发〔2017〕13号)的要求,将养老服务企业作为重点对象进行专项服务。通过及时了解养老服务企业需求和实际困难,事前及时提供相应指导,事中办理加快流程,事后保持跟踪,为养老服务企业做好长期服务。全年注册养老市场主体318户,较2017年(254户)的企业注册数量增长了25%。进一步激发了市场活力。

二、大力推进老年旅游市场发展

重点以老年旅游服务平台凝聚发展合力、老年旅游奖励资金激励市场潜能和创建老年旅游接待服务基地提升服务质量为三驾马车,大力推进北京市的老年旅游工作。

- 以奖代补引导老年旅游市场发展。按照《北京市老年旅游奖励资金管理办法(试行)》(2018年3月修订),通过第三方评审,评选出13家旅行社,共奖励140万元。
- 创建老年旅游接待基地促进服务水平提升。依据《老年旅游接待基地服务规范》,通过第三方评定,15家单位当选2018年度老年旅游接待基地。
- 开展老年旅游宣传推广活动。依托老年旅游服务平台,开展京郊老年旅游资源考察。举办老年旅游日系列活动,发布了《北京老年旅游发展报告(2017)》。
- 组织老年旅游专业展。在"2018北京国际旅游博览会"上设立了老年旅游专业展,评选"最具人气奖"。组织老年旅游企业和相关区参加"世界老年旅游大会"和"海南世界休闲旅游博览会"。

三、创新特色老年金融产品

北京市大力开发以保险、银行理财为代表的老年金融产品,进一步加大服务多层次养老保障体系建设的力度。

- 保险业中老年人意外伤害保险、住房反向抵押养老保险等适老性强的项目发展迅速。截至2018年底,北京市场共有43家人寿保险公司和6家专业养老险公司经营养老年金保险业务,法人机构数量居全国首位。北京地区人身保险公司养老年金保险业务累计实现原保费收入60.5亿元,居全国第4位,在城市型市场中规模排名第1位,是10年前的3倍;各项给付共计27.3亿元,覆盖全市146.9万人。

2018年,北京市为约7.5万名符合条件的老年人免费购买老年人意外伤害保险(参见图5-1)。其中,理赔69人次,累计理赔金额66.93万元,其中意外医疗费用理赔36.93万元,身故理赔30万元,赔付率45%。全市自愿购买老年人意外伤害保险40余万人次,理赔1630人次,理赔金额249万元。

"北京市老年人意外伤害保险"是北京市政府为本市户籍60周岁及以上城乡特困人员、城乡最低生活保障待遇人员、优抚对象及无赡养人(或赡养人无赡养能力)的独居老年人购买的一份保险,旨在提升困难群体老年人抵御风险的能力,其他有需求的老年人自愿购买。

保险责任:

保险项目	保险金额	保障范围
意外伤害身故(含食物中毒)	60000元	北京市域内特定场所特定活动特定交通工具(24小时)
意外伤害伤残(含食物中毒)		
意外伤害医疗(50元免赔,100%报销)	8000元	
意外伤害住院日定额给付	30元/天 每个保单年度累计给付日数以180天为限	

图5-1 "北京市老年人意外伤害保险"服务项目

□ 银行业结合自身业务设计符合老年人属性的金融产品
- 兴业银行北京分行：重视养老金融业务，将社区银行与养老金融结合，创设专门符合老年人特色的金融产品，在资金相对安全的情况下，获得较高的收益。另外还给老年人提供专家预约挂号、全程导医、体检、24小时法律顾问和保险等配套服务。
- 北京农商银行：推出养老金融储蓄专属系列产品"金色时光·悠享"。该产品是为50岁及以上中老年客户提供专属储蓄增值系列产品，具有提前支取靠档计息的特色，既可享受活期存款流动性，又可享受定期储蓄较高利率计息，切实满足中老年客户注重存款安全保值、收益稳定、资金使用灵活等要求，是金融需求创新推出的产品。

同时，北京市以金融手段推动全市养老服务业发展。为北京市第一个共有产权模式的养老公寓提供项目按揭合作，额度为2亿元，期限为2年，担保方式为阶段性连带责任保证转抵押担保，免保证金。北京市给予社区养老机构运营商提供5.6亿元专项贷款用于开发社区养老服务，期限18年。

四、开展"2018北京老年消费月"活动

为推进北京市老年消费市场加速发展，提高老年消费市场供给数量、质量，增强老年消费者购买服务产品的意愿，于9~10月组织开展了"2018北京老年消费月"活动。

此次活动以"品质消费，幸福晚年"为主题，涵盖了商业、健康、旅游、餐饮、文化等多个行业领域，吸引近200家品牌企业的2000家门店参与，同比分别增长150%、100%，其中服务性消费企业占比超过55%。参与企业在市内多个大型商场、超市、购物中心、老龄化社区，通过线上线下同步开展促销试用、打折让利活动，以及举办健康、"文旅"、生活性服务业走进社区等主题活动，为老年消费者带来更加多元化、便利化、品牌化的消费体验。该活动期间还举办了"2018北京老年消费月圆桌分享会"，发布了《2018北京老年消费指南》和《2018北京老年消费市场发展报告》。

第六章

老年宜居环境

一、实施既有住宅加装电梯工程

2018年，既有住宅加装电梯工作被列为北京市重要民生实事项目，制定了《2018年老楼加装电梯实施方案》，将任务分解到各区，落实到小区、楼栋，同时注重加强宣传引导，通过电视、报纸、网络等媒体多角度报道，还制作了加装电梯动画APP，让居民生动直观地了解加装电梯申报流程。目前市财政对电梯购置及安装费用，按照每台24万元给予补贴；对因安装电梯产生的管线改移费用，按照每台最高不超过40万元给予补贴，合计不超过64万元。在市财政补贴的基础上，各区政府根据本区实际情况适当给予补贴。海淀区、通州区老楼加装电梯市、区财政补贴最高可达到70万元。

2018年，全市共开工990部，其中已完成加装378部，投入使用后将陆续解决老年人上下楼问题。

二、老旧小区综合整治和居家适老化改造进展

2017年本市启动新一轮老旧小区综合整治工作，2018年3月出台老旧小区综合整治方案，并陆续出台4份配套文件，明确工作程序和实施路径，将新一轮老旧小区综合整治由"任务制"改为"申报制"，根据居民意愿和小区实际情况确定整治项目。2018年北京市确定在全市范围内实施100个老旧小区综合整治项目，涉及住宅楼1165栋，638万平方米，7.62万户；其中，中心城区和通州区29个项目列入疏解整治促提升专项行动中，整治内容包括建设养老服务设施、增设电梯、完善无障碍设施等一系列适老化改造工作。2018年，100个老旧小区综合整治项目中已有35个项目实现进场施工，完成为经济困难老年人家庭免费适老化改造7402户。

□ 面向老年人开展辅具维修保养服务

石景山区民政局、老龄办面向老年人开展辅具维修保养项目，通过购买第三方专业机构的服务，为辖区内近万名老人使用的护理床、轮椅、助行器、拐杖等康复辅具进行免费检修与维护。初步解决了辅具的安全隐患，让老人在健康生活中体会到更多的幸福感和获得感。

三、提升居家养老火灾防范能力

大力推进为老年人居住、活动场所安装独立式感烟火灾报警装置，并将其纳入为民办实事项目。2018年已完成安装独立报警装置75.7万个，超额完成年度目标任务。同时，北京市防火安全委员会、北京市老龄工作委员会印发《关于加强老年人场所火灾防范工作的通知》，引导各区优先为高龄、失能、独居、行动不便的老年人家庭安装应用，倡导选用联网型产品，同步向远程显示器等辅助设备和监护人、管理人员发送短信等报警提示信息，着力提升独立报警装置推广应用的针对性和实效性，提升居家养老火灾防范能力。

四、弘扬敬老爱老助老社会风尚

2018年，北京市"敬老月"以"孝满京城 德润人心"为主题，开展各类敬老爱老助老活动900余项。创新"孝星"和"孝星榜样"的评选工作。10月17日，在北京市万名孝星重阳游山会暨第三十一届西山八大处重阳游山会上揭晓"孝星榜样"中的"十大孝星"。10月29日，举办孝满京城2018年北京市"孝星榜样"宣讲学习会，倡议社会各界群众在生活点滴间多关注、帮助身边的老年人。与北京电视台、北京人民广播电台及多家主流视频网站合作，以播放公益短片等多种形式宣传孝文化、解读涉老政策，全面介绍北京市老龄事业发展状况。

第七章

老年文教体活动与社会参与

一、形成老年教育学习服务体系

北京市已经形成了以北京开放大学为龙头，各区社区学院（社教中心、成教中心）及开放大学分校为骨干，各职业院校和乡镇成人学校为依托，市民学校和村成人学校为基础的四级老年教育学习服务体系。全市各行业系统建有老年大学30余所，80%的街道建立了老年活动中心，面向社区开放的教育机构占比已超过60%，为市民终身学习特别是为老年人学习提供了必要条件。2018年评选认定了第二批30个市级示范基地，市级认定的"北京市民终身学习示范基地"数达到64个，这些学习基地面向全体市民开展服务，同时也进一步巩固了老年教育办学服务基础。

"京学"网为老年人提供养生保健、生活技能、心理健康、文化艺术、法制教育等类别丰富的线上课程（参见图7-1）。截至2018年底，"京学"网已累计开发有400多个主题、5100余集、时长超过8.6万分钟的优质视频资源，其中老年教育专题资源750集，形成课程超市，极大丰富了老年人的学习选择项目。

全市16个区也相应构建了基于大数据的"E学习"平台，利用智能手机、数字电视等服务终端的传播属性，推动优质学习资源转化，建成多网合一、优势互补的数字化学习网络，方便学习者通过移动端GPS定位查找课程、线上学习、同学圈互动交流及参与竞赛，推动了老年人学习方式的变革。

图7-1 "京学"网服务项目

二、形成老年公共文化服务体系

2018年，北京市各类公共图书馆、文化馆，以及街道（乡镇）和社村文化服务机构针对老年人，提供方便、快捷、免费或优惠文化服务，方便老年人文艺团队、各类为老服务机构和老年社团组织就近利用公共文化服务设施，参加读书、看报、演出排练、书法、摄影等公益文化活动，享受公益文化服务。截至2018年底，全市四级公共文化设施包括市级文图两馆、区级文图两馆共44个（其中市级文化馆1个、图书馆1个，区级图书馆22个，区级文化馆20个），街道（乡镇）综合文化中心331个，社村文化室6439个，平均覆盖率达98%。

- 老年读者可持身份证、老年证免费阅览图书与报刊，检索电子资源，参加展览和讲座活动，60岁及以上老年人办理公共图书馆"一卡通"时押金减半。
- 创新服务方式，开展为老年人送书上门服务，将阅读服务送到行动不便的老年人身边。
- 开辟老年服务专区，有条件的图书馆针对老年读者需求，设立老年读者阅览室，设置指示牌、卫生间、电梯、坡道等无障碍设施，提供老花镜、放大镜、轮椅、急救箱等物品以及大字阅读等新型设备。
- 老年人参加文化馆培训班，享受免费或优惠政策，文化馆（站或室）定期免费向老年人放映电影。

在全市举办一系列内容丰富、形式多样的文化活动，进一步丰富老年文化生活。各区根据本区文化传统和地域特色为老年人开展特色活动与品牌项目，在重大文化活动中注重开展适合老年人欣赏和参与的演出、展览、比赛等活动。

- 做好全国广场舞展演活动。依托北京市文化馆（中心、室、文化广场），开展北京地区全国广场舞展演活动，历时3个月，分为启动季、街道（乡镇）普及培训周、街道（乡镇）展演季、区级展演季、市级展演季5个阶段，推出了32支优秀广场舞作品，举办3场市级展演，19场区级展演，百余场街道（乡镇）展示，800余支团队参演，覆盖人次600余万，取得了良好效果。
- 组织老年人文化培训和辅导讲座。各级文化部门和文化服务机构针对老年人的文化需求，选派优秀师资，为老年人开办戏曲、舞蹈、曲艺、书画、摄影等专项文化技能培训。根据社会热点及老年人的关注点，举办形势分析报告会、健康讲座以及乡土课堂等系列公益文化讲座，使老年人进一步了解社会、融入社会。
- 积极扶持老年人文艺团队。各区积极组织和发展老年人文艺团队，添置文艺设备，提供创作、培训和辅导方面的支持和帮助，定期举办老年人戏曲、音乐、舞蹈、秧歌、合唱、书画、文学和摄影等展演展示活动，评选老年人优秀文艺团队，推动老年人文艺团队不断壮大。

三、优化老年体育设施资源和服务

开展北京市社区老年人生活方式对骨密度的影响等老年人健身安全专项研究，印制老年人健身安全培训讲义和口袋书，在全市 15 家涉老协会开展社区老年人健身安全专题培训工作，为全市社区养老服务驿站配发《老年体育》杂志供老年人阅读。

北京市加大全民健身场地设施建设力度，在 2017 年新建 509 片专项活动场地的基础上，2018 年又新建 700 余片专项活动场地，并在各类专项活动场地安装管理服务标识牌。在 4 个街道、乡镇新配建 440 件室内外健身器材。新建两块全民健身室外制冷冰场，并对 2015~2017 年建成的冰场进行运营，在有条件的水域试点建设自然冰场，推进全市冰雪资源专项调查，为今后开辟冰雪健身场所提供依据。

四、开展"志愿北京之青春伴夕阳"项目

北京市组织志愿者与全市各区的养老服务机构"结对"，落实"青年志愿者组织＋养老服务机构＋接力"的项目实施模式。进一步促进各类志愿服务组织交流，创新合作方式，以各级各类医院和社区医疗卫生服务中心为载体，开展"惠志愿"等志愿服务活动，培育和发展医疗助老志愿服务组织，充分发挥医疗机构在助老志愿服务工作中的专业优势，在志愿服务领域落实"医养结合"，合作研究并引导北京市助老志愿服务的发展方向。

2018 年开展"青春伴夕阳"常态化活动 1800 多场，参与志愿者 3.6 万多人次，其中依托"夕阳再晨"等骨干助老队伍，全年开展进社区助老服务 870 次，参与志愿者 15133 人次，累计服务时长 68098 小时。

五、组织引导退休老同志发挥积极作用

扩大退休老同志社会参与的有效途径，为老同志量身定制工作任务和平台载体，让他们在改革发展的进程中为建设和谐宜居之都贡献力量。

开展"增添正能量 共筑中国梦"主题活动，鼓励退休老同志在坚定理想信念、传播社会主义核心价值观、参与城市治理、助力绿色发展、关心青少年成长、促进社会和谐六方面带头实践。持续推进老党员先锋队、老干部宣讲团两支队伍的规范化建设，在安保维稳的第一线、化解矛盾的最基层、邻里互助的最前沿，发挥好带动群众宣传群众的作用，涌现了很多先进团队代表人物，取得很好的社会反响。

2018年，全市共建立老党员先锋队1584支，成员达到4.5万人，其中离退休干部党员2.9万人。老干部宣讲团共136个，宣讲员868人，全年围绕习近平新时代中国特色社会主义思想等6个主题，宣讲近1000场次，累计受众约6万人。

专栏：用游戏方式扩大老年人社会参与

北京市东城区将首届"全国乐龄游戏创意设计大赛"中亲情互动、全脑风暴、智拼巧板、手工制作4大类16款老年人专属游戏引入社区驿站，满足老年人身体健康、身心健康、社会参与等不同维度养老需求。以政府采购方式为各驿站培训首批乐龄游戏指导员，定期在驿站内组织开展游戏活动，为健康老龄化输送正能量，并在有条件的驿站内设立"老年益乐园"，助力老有所乐。

第八章
老年人优待与权益保障

一、提高老年人优待水平和扩大服务范围

2018年，北京市政府办公厅印发《关于加强老年人照顾服务完善养老体系的实施意见》（京政办发〔2018〕41号），市民政局等部门印发《北京通-养老助残卡管理办法》（京民老龄发〔2018〕418号），进一步提高了北京市老年人社会优待水平，促进老年人扩大社会交往范围、增进身心健康。

- 一是将免费乘坐公交、免费游览公园景区的老年人群范围，从65周岁及以上常住老年人扩展到60周岁及以上常住老年人；
- 二是将养老助残卡的市政交通一卡功能的有效期时间由一年延长到两年，并增设了多条延期办理渠道，持卡人可在两年有效期前到制卡银行网点、自助延期终端或通过手机APP等方式办理延期，方便老人的使用与管理；
- 三是将老年人申请办卡时间由原来"提前三个月"延长为"提前六个月"，以保障老年人有充足的时间申领制卡，不耽误老年人使用；
- 四是根据当前政策改革与调整，进一步细化和明确了京籍（包括驻京部队离退休军人）、外省市、常住外埠离退休军人、港澳台、归国华侨及外国老年人申请北京通-养老助残卡所需出示的证件种类和名称，对该卡的使用与管理相关表述更加严谨准确，规范持卡人合理合法合规使用养老助残卡。

以北京通-养老助残卡为中心，北京市逐步建立起了科学精准的持卡老年人信息管理系统、卡的业务运营监管系统、优待数据管理系统、福利政策实施与监管系统，以及老年人大数据应用服务系统，为政府各项养老政策的实施提供决策依据。截至2018年底，历年累计制发北京通-养老助残卡总数近384万张，目前有效持卡人总数为359万（见图8-1）。

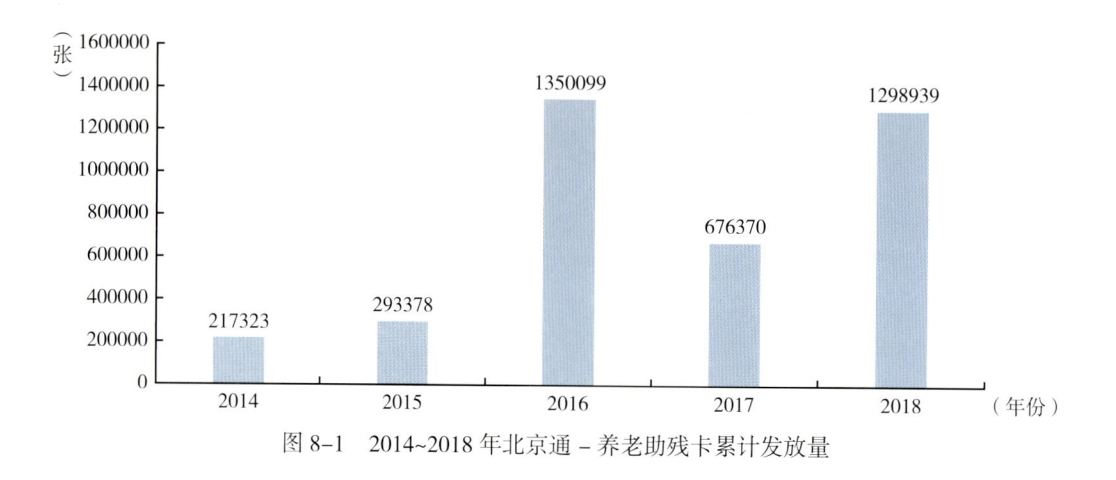

图 8-1 2014~2018 年北京通 - 养老助残卡累计发放量

（一）交通出行优待

2018 年北京市有 273 万老年人持北京通 - 养老助残卡乘坐市域内地面公交车，乘坐 47342 万次。

老年人在出行时间上，工作日乘车高峰在 9:30~10:30 间，非工作日在 10:00~11:00 间，9:30~11:30 达到全天的出行峰值，此后缓慢平稳下降，无明显晚高峰。上车刷北京通 - 养老助残卡的占全市总量的 10% 左右，出行集中线路呈交叉分布，上下车站点集中在公园景区活动场所、医院周边，未对早晚高峰地面公交运力造成明显影响，反而与城市地面公交客运出行形成一定的反补关系。

（二）文体休闲优待

北京市 2018 年实现老人持北京通 - 养老助残卡享受公园优待 52 万人，322 万人次，平均每个老年人享受公园优待 6 次 / 年。

继续推进具备条件的博物馆免费开放工作，吸引更多公众走进博物馆，倡导市民将走进博物馆作为一种生活方式。尤其是倡导、鼓励新备案登记的博物馆免费对公众开放。截至 2018 年，全市共有 82 家博物馆、纪念馆向公众免费开放。

二、积极开展老年人普法宣传和法律服务

（一）老年人法治宣传教育

北京市将对老年人开展法治宣传教育工作内容纳入年度法治宣传教育工作要点；围绕保障老年人合法权益保护，加强法律法规宣传工作；专门制作以维护老年人权益为主题的宣传挂图，在全市 7000 余个社区（村）张贴，进一步营造全社会尊老助老的良好法治氛围。

组织首都以案释法宣讲团队，依托法律"十进"工作平台，深入全市社区、村、养老院等老年人群体聚集场所，广泛开展关于继承、房屋、防金融诈骗等与老年人权益保护息息相关的法律知识宣讲工作，切实提升老年人群体法律知识水平和防范意识。在全市范围内开展法治文艺大赛活动，各区、相关单位创作的以老年人维权为主题的相关法治文艺作品在基层开展各类展演活动，使老年人增进法治宣传教育的参与感和受益感。

（二）老年人专项维权活动

北京市在全市组织开展"营造敬老爱老社会氛围，公共法律服务护航夕阳红"老年人法律服务专项维权主题活动。在"敬老月"开展老年人专题讲座、主题宣传活动440余场，发放宣传资料3.78万余份，各级法律援助机构批准受理老年人案件236件，公证机构办理涉老公证10件，法律服务机构接待老年人来访1723人次，电话咨询3467人次，取得了良好的社会效果。

（三）老年人法律服务

2018年全市承办老年人法律援助案件4969件，有力保障老年人合法权益，为促进首都社会和谐稳定做出了积极贡献。

全市各公证机构进一步完善各项便老助老措施，开辟老年人办理公证绿色通道，对于符合法律援助条件的老年人根据有关规定减免公证费用，对70岁及以上和行动不便、患病残疾的老年人实行电话或网上预约服务，在老年人接待窗口配备适老用品，由专人引导和协助办理公证。在开展服务过程中，针对老年人关心的遗嘱继承事项进行公证知识讲解，对"以房养老"诈骗和保健品诈骗等进行提醒，以增强老年人的自身防范意识。进一步强化"12348"便民法律热线和北京法网在线法律咨询服务功能，选派职业素质高、援助经验丰富的律师定时值守专线和网络，依法依规解答老年人法律咨询，提高老年人的法律意识和依法维权意识。

第九章

实施保障措施

一、新一轮机构改革下的老龄工作变化

2018年，北京市强化市老龄工作委员会的统筹协调作用，逐步调整、充实、优化市老龄工作机构，积极推进央地、军地养老服务一体化，形成市老龄工作委员会52家成员单位共谋老龄事业发展的良好工作格局。

北京市老龄工作委员会是北京市政府主管本市老龄工作的议事协调机构，其前身为1996年成立的北京市政府老龄工作领导小组。2000年，北京市政府老龄工作领导小组更名为北京市老龄工作委员会，成员单位22家。为了充分发挥市老龄工作委员会的议事协调职能，北京市老龄工作委员会办公室根据新时代老龄工作需要，向北京市老龄工作委员会提出调整充实成员单位建议，截至2018年成员单位增至52家。

《北京市机构改革方案》明确，将市卫生和计划生育委员会、市深化医药卫生体制改革领导小组办公室、市老龄工作委员会办公室的职责，以及市安全生产监督管理局的职业安全健康监督管理职责整合，组建市卫生健康委员会。市老龄工作委员会的日常工作由市卫生健康委员会承担。市老龄协会由市卫生健康委员会代管。

改革后，市卫生健康委员会设立老龄健康处，负责综合协调、督促指导、组织推进本市老龄事业发展，承担老年疾病防治、老年人医疗、老年心理健康与关怀服务等老年健康工作。市民政局设立养老工作处，负责统筹推进、督促指导、监督管理本市养老服务工作，拟订本市养老服务体系建设规划、法规草案、政策、标准并组织实施，承担老年人福利和特殊困难老年人救助工作。

在区级层面，相应地将区卫生和计划生育委员会、区深化医药卫生体制改革领导小组办公室、区老龄工作委员会办公室的职责，以及区安全生产监管部门的职业安全健康监督管理职责整合，组建区卫生健康部门，下设老龄健康科室。

专栏：全国老龄工作机构改革与发展

第十三届全国人大一次会议第五次全体会议批准了国务院机构改革方案。全国老龄工作委员会的日常工作将从民政部移交给国家卫生健康委员会，民政部代管的中国老龄协会也改由国家卫生健康委员会代管（参见图9-1）。

组建国家卫生健康委员会

将国家卫生和计划生育委员会、国务院深化医药卫生体制改革领导小组办公室、全国老龄工作委员会办公室的职责，工业和信息化部的牵头《烟草控制框架公约》履约工作职责，国家安全生产监督管理总局的职业安全健康监督管理职责整合，组建国家卫生健康委员会，作为国务院组成部门

✓ 保留全国老龄工作委员会，日常工作由国家卫生健康委员会承担。民政部代管的中国老龄协会改由国家卫生健康委员会代管。国家中医药管理局由国家卫生健康委员会管理

主要职责
- 拟定国民健康政策
- 协调推进深化医药卫生体制改革
- 组织制定国家基本药物制度
- 监督管理公共卫生、医疗服务和卫生应急
- 负责计划生育管理和服务工作
- 拟定应对人口老龄化、医养结合政策措施等

🚫 不再保留国家卫生和计划生育委员会。不再设立国务院深化医药卫生体制改革领导小组办公室

图9-1 国家卫生健康委员会介绍

有关职责分工：

国家卫生健康委员会负责拟订应对人口老龄化、医养结合政策措施，综合协调、督促指导、组织推进老龄事业发展，承担老年疾病防治、老年人医疗照护、老年人心理健康与关怀服务等老年健康工作；

民政部负责统筹推进、督促指导、监督管理养老服务工作，拟订养老服务体系建设规划、法规、政策、标准并组织实施，承担老年人福利和特殊困难老年人救助工作。

国家卫生健康委员会内设老龄健康司：

组织拟订并协调落实应对老龄化的政策措施；组织拟订医养结合的政策、标准和规范，建立和完善老年健康服务体系；承担全国老龄工作委员会的具体工作。

民政部内设养老服务司：

承担老年人福利工作，拟订老年人福利补贴制度和养老服务体系建设规划、政策、标准，协调推进农村留守老年人关爱服务工作，指导养老服务、老年人福利、特困人员救助供养机构管理工作。

二、多方面措施加强实施保障

北京市加大对老龄工作的实施保障力度，完善、落实市老龄工作委员会全体会议制度、专项会议制度、专项工作组制度，通过召开老龄工作委员会主任工作会、扩大会、专项会，以及老龄工作委员会办公室主任调度会等形式，协调推进重点、难点、热点问题的解决和跨部门、跨条块、跨领域涉老政策的制定，统筹推进对老龄重点工作任务落实。

- 加大养老服务资金投入。2018年北京市安排市级养老服务专项资金支出12.90亿元。重点加强居家养老服务支持力度，全年安排居家养老服务支出11.29亿元，占当年养老服务专项资金预算的87.52%，为近5年占比最高的。发挥辖区属地政府主体责任，安排预算资金1600万元建立养老服务工作绩效考核奖励机制，安排市级补助资金4.81亿元，便于各区结合实际统筹资金安排，推动工作开展。

- 大力开展督查评估工作。市老龄工作委员会制定《2018年北京市老龄工作任务分解》，以督查台账方式，进一步明确各部门的工作职责。完成《北京市"十三五"时期老龄事业发展中期评估》、"养十条"政策评估、《北京市人民政府办公厅关于全面放开养老服务市场进一步促进养老服务业发展的实施意见》（京政办发〔2017〕13号）、区级养老服务指导中心、2018年居家养老巡视探访服务、2018年社区养老服务驿站建设等多项专项落实督查工作。

- 发挥市老龄工作委员会专家委员会的建言献策作用。邀请养老行业专家参加北京市老龄工作重要会议，对养老重点难点问题进行指导；加强理论研究，将专家委员会委员的研究成果汇编成《2017年老龄工作论文集》；组织专家委员会委员到基层调研，深入一线了解情况，形成调研报告为政府决策提供参考；组织召开专家委员会专题座谈交流会，广泛讨论，形成共识。

- 对外开展合作交流工作。启动"引进台湾地区养老服务经验及人才"试点项目工作，召开以"京台携手，合作共赢"为主题的京台养老服务交流会，就养老服务人才发展、养老产业合作深入交流，两地产业界代表进行需求对接。制定《关于引进台湾地区养老服务经验及人才试点项目实施方案》和《2018年在养老服务驿站引进台湾地区养老服务经验及人才试点项目可行性研究报告》，聘请台湾地区养老人才培训机构专家对我市养老服务机构管理人员和护理员进行专业培训。

三、探索京津冀协同创新发展

2018年，京津冀三地在养老服务协同发展的体制机制创新方面进行积极探索，取得了一定成效。重点落实相关规划和政策，统筹建设特色养老服务片区，加强由基本养老功能衍生出的养老产业协同和相互输出，引导京津社会资本向河北养老服务领域流动，并设立京津冀养老服务协同发展试点机构（参见图9-2）。

图9-2 京津冀养老服务协同发展示意

□ 三地临床检验结果实施互认

2018年，京津冀已有10649家医疗机构互认（河北省6877家、北京市2188家、天津市1584家）

临床检验结果，患者无须再进行重复检查。医疗服务监管协调机制正常运转，异地就医通过国家平台已实现互联互通。

□ 老人异地看病可医保即时结算

截至 2018 年底，京津冀跨省异地就医住院医疗费用直接结算定点医疗机构达到 1649 家。其中，北京市 663 家、天津市 196 家、河北省 790 家。有跨省异地就医需求的参保人员，按参保地相关规定进行跨省异地就医登记备案后，可从公布的名单中选择定点医疗机构就医，实现跨省异地就医住院医疗费用直接结算。

□ 养老扶持政策跟着户籍老人走

北京、天津、河北三地的民政部门签订京津冀养老协同方案，将合力破解跨区域老年福利和养老服务方面的身份、户籍壁垒。京津冀将打通政策衔接渠道，已经拟制了包括养老机构综合责任保险补贴、困境家庭服务对象入住试点机构补贴等政策，按照"养老扶持政策跟着户籍老人走"原则，让三地老人异地养老无障碍。

按照北京市通州区、天津市武清区、河北省廊坊市共同签署《推进通武廊战略合作发展框架协议》，2018 年三地重点推进"通武廊"协同发展示范区，发挥"小京津冀"的独特作用，把武清区作为三地养老协同重点推动区，先后分两批将天津武清区养老护理中心、河北高碑店市养老项目、河北三河市燕达金色年华健康养护中心等 9 家养老机构作为试点。截至 2018 年，天津武清区养老护理中心和河北省三河市燕达国际健康城共收住 2000 多名北京籍老人。

专栏：55 岁及以上人员可购买老年优惠"名胜卡"游京津冀 200 余景点

"京津冀名胜文化休闲旅游年卡"（见图 9-3）由中国老龄产业协会老龄旅游产业促进会与北京特智诚科技有限公司推出。2006 年 4 月，北京发行中国第一张自然风光旅游年票"北京风景名胜游览优惠年票"。2009 年更名为"京津冀名胜文化休闲旅游年卡"，面向京津冀三地发行。

图 9-3 京津冀名胜文化休闲旅游年卡

携"京津冀名胜文化休闲旅游年卡",使用者可游览200余家A级温泉、滑雪、非遗、漂流、主题乐园等景区。京津冀名胜卡特别推出针对老年用户的优惠政策,2018年起,55岁及以上用户即可购买老年优惠卡,优惠卡价格为原价6折,即60元。

2018年,"京津冀名胜文化休闲旅游年卡"与多家优质文化历史类、自然风光类、休闲养生类、主题乐园类景区,如乐多港奇幻乐园景区、蟒山国家森林公园、凤凰岭自然风景区、河北沽源滦河神韵国家湿地公园、内蒙古库布其国家沙漠公园、中国航空博物馆、河北天漠影视基地等达成战略合作关系,推出"老年亲子游"主题,满足长辈带孩子休闲游乐、强身健体、科普教育等多种旅游的生活需求。

为方便老年人购卡,"京津冀名胜文化休闲旅游年卡"开放了专属的老年卡购票渠道,老年人可以通过"京津冀旅游年票"购买,由快递配送到家。"京津冀名胜文化休闲旅游年卡"还与社区便利店、老年驿站、知名门市店铺及OTA线下销售门店等形成专项合作,增开了多条线下渠道。

附　录

2018年北京市部分老龄政策文件

- 《关于加强老年人照顾服务完善养老体系的实施意见》（京政办发〔2018〕41号）
- 《关于推进养老服务诚信体系建设的指导意见》（京民老龄发〔2018〕183号）
- 《关于做好2018年养老服务改革试点工作的通知》（京民福发〔2018〕65号）
- 《关于印发北京通－养老助残卡管理办法的通知》（京民老龄发〔2018〕418号）
- 《关于实施农村地区困难残疾儿童和老年人示范性配置康复辅助器具项目的通知》（京民福发〔2018〕145号）
- 《关于印发养老机构与医疗机构医疗服务协议（示范文本）的通知》（京民福发〔2018〕30号）
- 《关于做好2018年养老机构服务质量建设专项行动的通知》（京民福发〔2018〕162号）
- 《关于进一步加强养老服务机构突发事件报告工作的通知》（京民福发〔2018〕168号）
- 《北京市养老服务机构监管办法（试行）》（京民福发〔2018〕412号）
- 《关于印发北京市养老服务机构信用信息管理使用办法的通知》（京民福发〔2018〕419号）
- 《关于印发〈北京市养老机构运营补贴管理办法〉的通知》（京民福发〔2018〕411号）
- 《北京市社区养老服务驿站运营扶持办法》（京民福发〔2018〕184号）

图书在版编目(CIP)数据

北京市老龄事业发展报告. 2018 /北京市老龄工作委员会办公室, 北京市老龄协会, 北京师范大学中国公益研究院编. -- 北京：社会科学文献出版社，2019.9
　ISBN 978-7-5201-5654-7

Ⅰ.①北… Ⅱ.①北… ②北… ③北… Ⅲ.①人口老龄化－研究报告－北京－2018②老龄产业－研究报告－北京－2018　Ⅳ.①D669.6②C913.6

中国版本图书馆CIP数据核字（2019）第216203号

北京市老龄事业发展报告（2018）

编　　　者 /	北京市老龄工作委员会办公室　北京市老龄协会　北京师范大学中国公益研究院
出 版 人 /	谢寿光
责任编辑 /	吴　超
出　　　版 /	社会科学文献出版社·人文分社（010）59367215 地址：北京市北三环中路甲29号院华龙大厦　邮编：100029 网址：www.ssap.com.cn
发　　　行 /	市场营销中心（010）59367081　59367083
印　　　装 /	三河市东方印刷有限公司
规　　　格 /	开　本：889mm×1194mm　1/16 印　张：5　字　数：94千字
版　　　次 /	2019年9月第1版　2019年9月第1次印刷
书　　　号 /	ISBN 978-7-5201-5654-7
定　　　价 /	49.00元

本书如有印装质量问题，请与读者服务中心（010-59367028）联系

▲ 版权所有　翻印必究